short & easy

Bernhard Hagemann
Champions für einen Tag

Bernhard Hagemann, geboren 1956, ist Fotograf und schreibt Kinder- und Jugendbücher. Er lebt in Gauting bei München.

In der Reihe **Short & Easy**
sind außerdem erschienen:

RTB 52236
Bernhard Hagemann, Mit Vollgas in die Kurve

RTB 52237
Inge Meyer Dietrich, Und das nennt ihr Mut

RTB 52238
Stasia Cramer, Tim und die Mädchen

RTB 52239
Ralf Thenior, Zerbrochene Träume

RTB 52245
Werner Färber, Volle Pulle

RTB 52246
Robbert Jan Swiers, Backstage

RTB 52248
Elizabeth Laird, Geheime Freundschaft

RTB 52258
Jochen Till, Fette Ferien

RTB 52259
Inge Meyer-Dietrich, Genug geschluckt

Bernhard Hagemann

Champions für einen Tag

Mit Fotos von
Bernhard Hagemann

Ravensburger Buchverlag

Neuausgabe der Originalausgabe
als Ravensburger Taschenbuch
Band 52247 erschienen 2004

Erstmals als Ravensburger Taschenbuch
erschienen 2001, Band 52186
© 2001 Ravensburger Buchverlag
Otto Maier GmbH

Umschlagfoto: Agentur Mauritius

**Alle Rechte vorbehalten durch
Ravensburger Buchverlag
Otto Maier GmbH**

**Die Schreibweise entspricht den Regeln
der neuen Rechtschreibung.**

5 4 3 2   08 07 06 05

ISBN 3-473-52247-3

www.ravensburger.de

Das Gewicht zerrt an meinem Rücken.
Verfluchte Schwerkraft. Sicher die Fünf
in der Mathearbeit, die wie Blei
in der Schultasche liegt.
Die Sonne scheint und mir ist heiß.
Ich gehe die Abkürzung durch den Wald
nach Hause. Obwohl ich sie meiden sollte.
Der Wald ist nicht die sicherste Gegend.
Er liegt zwischen zwei Wohngebieten.
Auf der einen Seite ist die Siedlung
mit den Einfamilienhäusern, wo ich wohne.
Auf der anderen Seite grenzt der Wald
an die St. Georgstraße. Unsere Bronx.
Schmucklose Wohnhäuser mit
billigen Wohnungen
für kinderreiche Familien.
Viele Arbeitslose, Ausländer,
Familien mit wenig Geld.

Die, die hier wohnen, nennen wir anderen
die „Schorschies".
Zu verlockend ist die Möglichkeit
zehn Minuten meines Schulweges zu sparen.
Zu verlockend der kühle Schatten der Bäume.
Aber Pech gehabt.
Strohmüller lehnt an einem der Bäume
und schenkt mir einen giftigen Blick.
„Na Blödmann. Was schaust'n so blöd!
Blödmann!"

„Scheinst mit deinem Spiegel zu sprechen!"
Diese Frechheit ist ein Fehler.
Strohmüller fällt mich mit der Aggressivität
eines gereizten Kampfhundes an.
Sein Fußtritt trifft mich schmerzhaft
in der Kniekehle. Ein kurzes Gerangel.
Meine Schultasche fliegt zu Boden. Meine Arme
sind mit einer ungeschickten Abwehr beschäftigt.
Strohmüllers Schläge treffen mich ins Gesicht.
Sekunden später sitzt er auf meiner Brust.
Ich spüre die Wurzeln der Bäume im Rücken
und mir schmerzen die Oberarme,
die Strohmüller mit seinen Knien bearbeitet.

Wehrlos liege ich unter ihm.
Er traktiert mein Gesicht
mit einem abgebrochenen Tannenzweig.
Die Nadeln pieksen mich in die Augenlider,
in die Ohren, in die Lippen.
Aber es ist nicht weiter schlimm.
Strohmüller belässt es bei der Erniedrigung.
„Dich Arschgesicht will ich hier nicht mehr
sehen. Ist das klar?! Arschgesicht?"
Ich schweige.
„Ist das klar?! Arschgesicht!"
Dann noch eine Ohrfeige.
„Ist das klar?! Arschgesicht!"
„Ja. Es ist klar!", sage ich gedehnt und
erschrecke vor dem Zittern in meiner Stimme.
Strohmüller lässt von mir ab und verschwindet
Richtung St. Georgstraße.
Ich sehe ihm hinterher.
Er ist nicht größer als ich und nicht kräftiger.
Aber er ist ein Schorschie. Geballte Aggression.
Er verschwindet in einem der Gärten,
die an den Wald grenzen. Ich sehe
ein paar Typen gelangweilt am Zaun stehen.

Ein paar von ihnen schauen zu mir rüber
und lachen. Aber sie sind zu weit weg,
um die Tränen zu sehen,
die meinen Blick verwässern.

Zu Hause geht der Ärger weiter.
Der Dreck auf meiner Hose
entgeht meiner Mutter nicht.
„Fängst du jetzt an,
dich nach der Schule zu prügeln?"
Dann muss ich noch die Fünf
in der Mathearbeit beichten,
unter die ich ihre Unterschrift brauche.
„Ach Oliver!", stöhnt sie. „Wie das denn?
Du bist doch sonst so gut in Mathematik.
Was soll ich denn davon halten?
Prügelst dich mit anderen und kommst
mit schlechten Noten nach Hause!
Wie soll das denn weitergehen?"
Ihre Enttäuschung
steht ihr ins Gesicht geschrieben.

Tut mir ja Leid,
aber ich kann es jetzt auch nicht ändern.
Hab ja selber keine Ahnung,
wie das weitergehen soll.

Am Nachmittag bin ich mit Stefan
im Jugendzentrum verabredet.
Heute sollen die Kicker kommen.
Tischfußballspiele,
die woanders ausrangiert wurden und
mit denen wir umsonst spielen dürfen.
Im Eingang stehen ein paar Ältere und rauchen.

Im Flur höre ich Geräusche, die hier neu sind.
Sofort weiß ich, worum es geht.
Ich folge dem Klacken, Ziehen und Hämmern
den Gang entlang. Hinten
neben dem Billardzimmer stehen die Kicker.
Zwei Tische, beide besetzt. Über sie gebeugt
mit leuchtenden Gesichtern die Spieler.
Ein paar Gesichter erkenne ich als Schorschies.
Laut geht es hier zu.
Es wird geflucht und gebrüllt.
Ich stelle mich an einen Tisch,
an dem sie ein Doppel spielen.
Je zwei Spieler auf einer Seite.
Einer bewegt den Tormann
und die Verteidigungslinie,
der andere Mittelfeld und Sturm.
Blitzschnell
wird der Ball hin- und hergespielt.
Ich habe Schwierigkeiten ihm zu folgen.
Ich sehe gleich, dass die Schorschies
die Besseren an den Kickern sind.
Sie haben eine Geschicklichkeit,
die den anderen fehlt.

Der Ball gehorcht ihren Figuren.
Er landet ein ums andere Mal
im Tor der Gegner,
das ihn gierig verschluckt,
als wäre es seine längst fällige Leibspeise.
Außerdem geht von den Schorschies
auch am Kicker eine Bedrohung aus,
die andere von vornherein einschüchtert.
„Hi!"
Stefan steht neben mir.
„Hi!"
„Geil! Die Kicker!"
Seine Augen leuchten.
„Ja!", sage ich.
Dann ist einer der Kicker frei.
Die Schorschies haben gewonnen
und lassen von den Figuren ab.
Sie stecken sich Zigaretten
in ihre sieggewohnten Gesichter
und lärmen nach draußen.

Stefan und ich stehen uns gegenüber.
Der Kicker zwischen uns. Ich blau, er rot.
Auf meiner Seite ist das Fach mit den Bällen.
Ich greife hinein, hole den Ball
und werfe ihn ein.
Stefan dreht wie wild an seinem Mittelfeld.
„Hey! Nicht kurbeln!", rufe ich.
Der Ball landet bei mir.
Stefan kurbelt nicht mehr
und kassiert das erste Tor.
Ich probiere ein paar der Tricks aus,
die ich bei den Schorschies gesehen habe.
Mein Mittelstürmer tänzelt mit dem Ball
hin und her. Giovane Elber.

Zwei zu null.
„Scheiße!", flucht Stefan.
Ich vertiefe mich ins Spiel,
konzentriere mich.
Ich nehme sonst nichts mehr war,
werde immer besser.
Je besser ich werde
umso schlechter wird Stefan.
Mich überrascht es nicht.
Es ist typisch für mich.
Meine sinnlosen Talente. Nebentalente.
In Mathe eine Fünf,
aber an so einem Kickertisch Stefan gleich
um Längen voraus. Kicker, Flipper, Billard.
Diese Geräte sind mir immer gleich vertraut.
Da kämpfe ich von Anfang an
in einer anderen Liga als Stefan.
Plötzlich ist um die Kicker herum
wieder viel los.
Wir haben Publikum und werden
von zwei Schorschies herausgefordert.
Ich bin in der Verteidigung
und Stefan im Sturm.

Das erste Tor kassiere ich
zwei Sekunden nach Einwurf.
Den zweiten Torschuss pariere ich
mit meinem Tormann.
Mit einem strammen Schuss einer
meiner Verteidiger gelingt mir der Ausgleich.

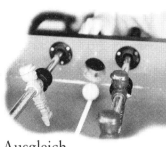

Stefan ist vorne ziemlich hilflos
und wird ausgespielt.
Ich bin im Tor entspannt,
meine Gelenke sind geschmeidig.
Die Figuren gehorchen mir.
Instinktiv folgen sie dem Ball,
so gut sie es können.
Sieben zu vier verlieren wir.
Aber eigentlich haben wir uns
ganz tapfer geschlagen.
Gegen die Schorschies zu gewinnen
scheint sowieso eine Illusion zu sein.
Stefan hat keine Lust mehr
und wir räumen das Feld.
„Wer spielt?", fragt jemand.
Es sind die Sieger von vorhin.
Sie kehren in die Arena zurück.

In den Mundwinkeln halb verglommene Kippen.
„Ich!", sagt einer der beiden,
die eben noch gegen uns gewonnen haben.
„Und er. Wir zwei!"
Dabei sieht er mich an
und sucht in meinem Gesicht nach Zustimmung.

Ich hebe unsicher meine Schultern.
„In Ordnung!", sage ich zögernd.
Jetzt stehe ich mit drei Schorschies am Kicker.
Ich gehe wieder ins Tor.
Ich fühle mich nicht ganz wohl in meiner Haut.
Aber meine Nervosität ist gleich verflogen,
als mir mit einem meiner Verteidiger
das erste Tor des Spiels gelingt.
Ich ernte dafür Anerkennung

von meinem Mitspieler,
aber auch von meinen Gegnern.
Ich kassiere zwei Tore, aber
mit einer geschickten Drehung meiner Verteidiger
gelingt mir wieder eins.
Mein Mitspieler legt nach.
Er kämpft im Sturm verbissen, aber
mit der nötigen Leichtigkeit und Eleganz,
vor allem jedoch mit
einer ungeheuren Geschwindigkeit.
Wenn er seine Stürmer dreht
und den Ball abfeuert,
kann ich mit bloßem Auge kaum folgen.
Wir siegen sechs zu fünf.
Die Revanche aber verlieren wir.
Zum dritten Spiel kommt es nicht.
Mein Mitspieler drückt mir
mit einem Grinsen im Gesicht die Hand.
Auf seinem Unterarm erkenne ich
eine miserabel ausgeführte Tätowierung.
Einen Krummsäbel,
dessen Linien wie ausgefranst wirken.
In seinem Mund fehlt ein Schneidezahn.

In seinen Augen lodert ein unruhiges Feuer.
Er ist älter als ich,
ein oder zwei Jahre vielleicht.
„Du spielst nicht schlecht!", sagt er zu mir.
„Nicht so gut wie du im Sturm."
„Wir sind ein gutes Team! Ich bin Herbert
und du?"
„Oliver!"
Wir spielen noch ein paar Spiele
gegen schwächere Gegner,
die wir alle gewinnen.
Als wir aufhören, suche ich nach Stefan.
Aber ich kann ihn nirgends finden.
Nicht im Billardzimmer, nicht in der Teestube
und auch nicht in der Disco.
Es ist spät und ich muss nach Hause.
Ich bin schon auf dem Weg,
als plötzlich Herbert neben mir auftaucht.

„Hab die gleiche Richtung!", sagt er.
Eine Weile schweigen wir,
und ich frage mich, woher Herbert weiß,
wo ich wohne.
„Dass du dich ohne Gegenwehr verprügeln lässt,
ist nichts!", sagt er dann wie aus heiterem Himmel.
Mir läuft ein kalter Schauer über den Rücken.
Ich hefte meinen Blick
starr vor mir auf die Straße.
Mein Atem wird schwerer.
„Der Strohmüller ist ein Arsch,
mit dem du es locker aufnehmen könntest",
sagt Herbert. „Es bringt nichts, wenn du dich
von einem Weich-Ei wie ihm
einschüchtern lässt."
Herbert schlägt mir freundschaftlich
an den Oberarm.
„Ey, du musst Kante zeigen,
sonst macht man mit dir, was man will!"
„Der Strohmüller!", sage ich und
lache verlegen. „Der ist doch ein Depp!"
„Klar, ist der ein Depp. Umso schlimmer,
wenn du dich gegen ihn nicht zur Wehr setzt.

Du musst ihm zeigen, was Sache ist.
Mit so einem halben Hemd kannst du es
locker aufnehmen. Stark sein kann jeder!
Ist 'ne Sache des Mutes."
An der Kreuzung zur St. Georgstraße
klopft mir Herbert noch mal auf die Schulter
und zeigt dann auf das schmucklose Wohnhaus
gleich in der Nähe.
„Ich wohne hier!", sagt er.
„Spielen wir morgen zusammen?"
„Können wir machen!", sage ich.
Die Abkürzung durch den Wald meide ich.
Zwei Mädchen auf Fahrrädern
kommen mir auf dem Gehsteig entgegen.

Sie klingeln mich übermütig aus dem Weg
und lachen.
Ich lache zurück und mache Platz.
„Danke, Süßer!", rufen sie und
biegen in die St. Georgstraße ein.
Ihr Gackern verhallt
irgendwo zwischen den Mülltonnen.

Am nächsten Tag hängt im Jugendzentrum
am schwarzen Brett eine Mitteilung,
dass am Wochenende
ein Kickerturnier stattfindet.
Es sollen nur Doppel gespielt werden.
Erster Preis: sechs Freikarten fürs Kino.
Zweiter Preis: vier Freikarten.
Dritter Preis: zwei Freikarten.
Gesponsert von der Brauerei,
die das Jugendzentrum mit Getränken versorgt.
Herbert erwartet mich bei den Kickern
und sagt mir,
dass er uns in die Liste eintragen will.

Erst weiß ich nicht, was ich davon halten soll,
aber dann finde ich die Idee gut.
Mal eine Abwechslung in unserem Kaff.
Als Stefan ins Jugendzentrum kommt,
spiele ich bereits mit Herbert.
Wir sind konzentriert über den Kicker gebeugt.
Ich sehe Stefan aus den Augenwinkeln
und grüße ihn mit einem flüchtigen Blick.
Unsere Gegner sind schwach
und wir gewinnen nicht nur einmal haushoch.
Danach machen wir eine Pause
und ich suche Stefan.
Aber weder im Kicker- noch im Billardzimmer
kann ich ihn finden.
Im letzten Moment
sehe ich ihn am Ausgang verschwinden.
Ich renne ihm hinterher.
„Hey! Gehst du schon?"
„Nichts los hier."
„Na ja", sage ich. „Wie immer."
„Hängst ja nur noch mit den Schorschies
am Kicker!", sagt er
mit vorwurfsvollem Unterton.

„Wir müssen trainieren!",
sage ich mit Begeisterung.
„Nächstes Wochenende ist ein Turnier.
Da spielen wir mit!"
„Gratuliere!", sagt Stefan noch und geht.
Er teilt meine Freude nicht
und hat kein Interesse am Turnier.
Er ist beleidigt oder eifersüchtig,
was weiß ich.
Plötzlich steht Herbert neben mir.
„Ein Kicker ist frei!", sagt er. „Spielen wir?"

Als ich wieder am Kicker stehe,
fällt mein Blick auf ein Mädchen.
Sie schenkt mir ein wieder erkennendes Lächeln.

Während ich in meinem Gedächtnis forsche,
wo ich sie schon mal gesehen habe,
kassiere ich das eins zu null.
Die Gegner sind Anfänger und Herbert presst
ein zorniges „Scheiße!" hervor.
Er gibt sich im Sturm alle Mühe,
schießt zwei Tore,
hält den Ball in seinen Reihen
und in seiner Hälfte des Spielfeldes.

Für Sekunden
findet in meiner Hälfte kein Spiel statt.
Ich riskiere einen zweiten Blick.
Ich lächle das Mädchen an,
und sie hebt drohend ihre Augenbrauen.
Sie gibt mir zu verstehen,
dass ich mich aufs Spiel konzentrieren soll.
Aber zu spät!
Ich höre das gierige Schlucken des Tisches.
Zwei zu null.
„Oh!", sage ich
wie aus einem Traum erwachend
und schenke Herbert
ein entschuldigendes Grinsen.

Ich höre das Mädchen kurz auflachen.
Herberts kleine Augen funkeln mich feurig an.
„Pass doch auf!", zischt er und
wirft dem Mädchen einen verärgerten Blick zu.
Jetzt erinnere ich mich.
Erst gestern habe ich sie gesehen.
Sie ist eine der beiden,
die mir auf dem Rad entgegenkamen.
Die folgenden Bälle
versuche ich konzentriert zu spielen.
Richte meinen Blick auf das Spielfeld,
aber es ist jetzt anders.
Ein Schauer fährt mir über den Rücken,
gräbt sich mir in die Magengegend und
richtet dort ein Unheil an.
Irgendwie werde ich leicht
und glaube zu schweben.
Automatisch verkrampfen sich meine Hände
um die Griffe am Kicker,
damit ich nicht fortfliege.
Mir gelingt ein reguläres Tor,
daneben auch zwei Eigentore.
Wie dilettantisch.

Mein Tor hat eine unerklärliche
Anziehungskraft
auf gegnerische Bälle.
Wir verlieren acht zu drei.
Und das gegen Anfänger!
„Was ist denn mit dir los?!", faucht Herbert.
„Na ja", sage ich unschuldig.
„Kann ja mal passieren!"
Freunde von ihm lärmen ins Kickerzimmer.
Sie stecken sich Zigaretten an
und sind dabei so lässig,
als wären sie
einer anderen Schwerkraft ausgesetzt.
Ich fange ein paar Gesprächsfetzen auf.
„… irgendwer hat sich was geleistet
und braucht eine aufs Maul …"
„… irgendwer hat einen Automaten geknackt
und hat Schwierigkeiten mit den Bullen …"
„… irgendwer war im neuen Film von
Jean Claude van Damme,
der obergeil sein soll …"
Die Wortfetzen sind für mich
wie Signale aus einer fremden Welt.

Herbert würdigt mich keines Blickes mehr,
sagt nichts mehr zu mir und geht.
Als wäre mit unserer Niederlage
gegen die Anfänger alles gestorben,
das Turnier, unser Team.
Als wären wir uns nie über den Weg gelaufen.
Ich überlege kurz,
ob ich Herbert hinterherlaufen soll,
um mit ihm zu reden. Lass es aber bleiben.
Das Mädchen steht neben mir.

„Jetzt hast du den Herbert aber enttäuscht!",
sagt sie. „Wo er doch nicht verlieren kann.
Er ist doch so ein Supermann."
Sie verdreht ihre Augen
und macht sich über Herbert lustig.

Mit kleinen Schritten
wie von einer fremden Macht gelenkt,
gehen wir gemeinsam
aus dem Lärm des Kickerraums
und landen in der Teestube.
Ich lade sie zu einer Cola ein.

„Du hättest mich gestern beinahe
über den Haufen gefahren!"
„Ach komm!", sagt sie mit gespielter Empörung
und legt mir versöhnlich die Hand auf den Arm.
„So wild war es auch wieder nicht."
„Woher kennst du den Herbert?", frage ich.
„Wir wohnen im gleichen Haus!", antwortet sie.
„Aber unsere Familien sind verfeindet.
Die Schäbels und die Melzers.
Ich bin eine Schäbel."
„Verfeindet? Wieso denn das?"
„Ach, ich weiß es eigentlich gar nicht so richtig!
Irgendeine uralte Geschichte.
Die Melzers behaupten,
dass mein älterer Bruder ihren Vater
bei der Polizei verpfiffen hat.
Was mein Bruder aber bestreitet.
Jedenfalls ist eine ungeheure Spannung
zwischen unseren Familien.
Wegen den kleinsten Kleinigkeiten
rasseln wir aneinander. Bei uns
gibt es immer einen Grund für Streitigkeiten.
Weil wir so wenig Platz haben.

In unserem Haus wohnen einfach zu viele Leute.
Mal stehen die Fahrräder
blöd in der Landschaft,
dann beschuldigt wieder einer den anderen
das Treppenhaus zu verschmutzen.
Eigentlich ziemlich bescheuert das Ganze,
wenn du mich fragst."
Ich nicke.

Sie heißt Sarah
und ich begleite sie nach Hause.
Sie schiebt ihr Fahrrad,
während ich neben ihr auf Wolken schwebe.

Wir reden über alles Mögliche
und viel zu schnell stehen wir vor ihrem Haus.
Wir stehen uns gegenüber
und verabschieden uns.
Sie will gehen, aber sie zögert
und lächelt mich noch einmal an.
Ein kleines Schwanken in meine Richtung,
kaum wahrzunehmen.
Eine letzte Hinwendung zu mir.
Ein letzter Blick,
dann schwingt sie sich auf ihr Rad
und fährt die paar Meter zu ihrem Haus.
„Tschüss!", ruft sie noch.

Ich gehe nach Hause
und schwebe immer noch auf Wolken.
Ich denke nur an Sarah
und nehme die Welt um mich herum nicht wahr.
„Was hab ich dir Arschgesicht gesagt?!
Hab ich dir Arschgesicht nicht gesagt,
dass du dich hier nicht blicken lassen sollst?"

Jetzt, wo ich Strohmüller sehe, merke ich,
dass ich in Gedanken
die Abkürzung durch den Wald
genommen habe.
Er steht vor mir, lehnt an einem Baum,
als hätte er auf mich gewartet.
Wie ein Wegelagerer
aus einer längst vergangenen Zeit.
„Muss ich dir wieder mal die Fresse polieren!?"

Er löst sich von seinem Baum
und verstellt mir den Weg,
um mir breitbeinig und in aller Ruhe
sein dämliches Grinsen zu schenken.
Mein erster Impuls ist umzukehren,
aber etwas anderes lenkt mein Handeln.
Etwas Neues, das es erst seit Herbert gibt
und seit Sarah.
Es geht blitzschnell.
In meinem Sprung auf Strohmüller sehe ich,
wie sein blödes Grinsen
zu einer fratzenhaften Maske erstarrt.
Seine Arme, die er großkotzig
vor der Brust verschränkt hat,
lösen sich nicht schnell genug,
um meinen Schlag abzuwehren.
Eine ungeheure Energie
schießt durch meinen Körper
gepaart mit einem Glauben an meine Kraft.
Wie ein Tiger springe ich Strohmüller an.
Blitzschnell lege ich meinen rechten Arm
um seinen Hals
und nehme ihn in den Schwitzkasten.

Ich stelle mein Bein vor seine Füße
und ziehe ihn mit aller Kraft darüber hinweg.
Noch bevor sich Strohmüller
richtig zur Wehr setzen kann,
bevor er seine Arme um mich schlingen
und versuchen kann, mich zu Fall zu bringen,
stürzt er über mein Bein.
Jetzt liegt *er* auf dem Rücken
und *ich* sitze auf ihm.
Vertauschte Rollen.

Ich stütze mich auf seine Arme,
die angewinkelt auf dem Boden liegen.
„Lass mich los!", zischt er.
„Lässt du mich in Zukunft in Ruhe?"
„Lass mich los!"
„Ist jetzt Ruhe?!"
„Lass mich los!"
„Ist jetzt Ruhe?"
„Du sollst mich loslassen!"
Er windet sich unter mir und versucht mich
mit seinen Füßen von seinem Körper
herunterzustoßen. Aber es hilft nichts.
Seine Beine schlagen ins Leere.
Ich bin entschlossen, ein für alle Mal
für klare Verhältnisse zu sorgen.
„Lässt du mich in Zukunft in Ruhe?"
Er antwortet nicht. Ein, zwei Minuten
bleibe ich noch auf ihm sitzen.
Dann riskiere ich es, von ihm abzulassen.
Ich fühle mich stark. Stark genug,
seinen Angriff abzuwehren,
wenn er noch kommen sollte.
Ich lasse mir nichts mehr gefallen.

Blitzschnell stehe ich auf meinen Beinen,
halte kampfbereit die Hände vor mir.
Aber es geschieht nichts. Strohmüller steht auf
und täuscht einen letzten Schlag vor.
Er klopft sich den Dreck
von seinen Hosenbeinen
und verschwindet. Ich bleibe noch eine Weile
und spüre, wie sich ganz allmählich
die Anspannung in mir löst.
Dann gehe ich nach Hause.

Dass meine Hose am Knie kaputt ist,
merkt meine Mutter sofort.
„Was ist denn schon wieder
mit deiner Hose passiert?!",
ruft sie.
Ich sehe an mir hinunter.
„Huch!", mache ich.
Meine gespielte Ahnungslosigkeit
über meine kaputte Hose
bringt meine Mutter auf die Palme.

„Jetzt sag bloß, du weißt nicht,
woher das Loch in deiner Hose stammt?"
„Keine Ahnung!", antworte ich.
„Ach Oliver!", seufzt sie. „Deine beste Hose.
Was ist passiert? Hast du dich wieder gerauft?
Dein Hemd ist ja auch ganz schmutzig.
Du wirst doch jetzt nicht zum Raufbold werden.
Ich hasse Schlägereien. Ach!", stöhnt sie.
„Ich versteh das nicht! Prügelst du dich jetzt
jeden Tag? Findest du das schön?"
Ich verdrehe genervt meine Augen.
Immer befürchtet sie den Weltuntergang.
Bringe ich eine schlechte Note nach Hause,
dann falle ich gleich durch,
schaffe die Schule nicht,
lerne keinen vernünftigen Beruf
und lande in der Gosse.
Haftet an meinen Kleidern Zigarettenrauch,
dann treibe ich mich Nachmittage lang
in Lokalen herum und verschleudere
mein Taschengeld.
Komme ich
mit einem Loch in der Hose nach Hause,

habe ich mich zum Schläger gewandelt,
der sich jeden Tag prügeln muss.
„Ich bin kein Schläger!", stöhne ich.
„Ich hasse Schlägereien wie du.
Aber manchmal lässt es sich nicht vermeiden."
„Du hast dich also doch geprügelt?"
„Man muss sich doch zur Wehr setzen!"
„Ach!", stöhnt sie wieder. „Alles nur,
weil du jeden Nachmittag
in diesem Jugendzentrum herumhängst.
Das gefällt mir gar nicht."
„Ich hänge nicht herum! Ich spiele Kicker!"
„Schade ums Geld."
„Der Kicker kostet nichts."
„Hausaufgaben hast du
auch noch nicht gemacht.
Oliver, du musst mehr für die Schule tun.
Denk an deine Mathematikarbeit.
Wo soll das nur enden?"
„Bei sechs Freikarten fürs Kino",
murmle ich vor mich hin
und lasse meine Mutter
ratlos im Flur zurück.

Ich gehe auf mein Zimmer
und mache meine Hausaufgaben.

Eigentlich wollte ich Sarah wieder sehen
und bin beinahe enttäuscht,
als ich Herbert treffe.
Betont freundlich ist er.
Als wäre er nie so abweisend gewesen.
Ein paar Jungs aus Traunstein sind heute
im Jugendzentrum.
Sie gehen mit dem Kicker um
wie mit einem vertrauten Freund.
Sie schießen scharf
und ich habe alle Mühe,
hinten den Kasten sauber zu halten.
Aber mein Instinkt bleibt mir treu.
Mein Torwart ist beinahe
ein unüberwindliches Hindernis.
Ebenso sind meine Spieler der Abwehrreihe
vortreffliche Schützen.
Ein Spiel geht an die Traunsteiner.

Eines an uns. Herbert und ich wissen,
dass die Traunsteiner so etwas wie Spieler
aus einer höheren Liga sind.
Ein echter Härtetest.
Und wir konnten problemlos mithalten.
Wir wissen jetzt,
dass wir ein echt gutes Team sind.
Herbert ist glücklich und lacht. Gut gelaunt
schlagen wir unsere Handflächen ineinander.
„Wir sind gut!", sagt er und grinst mich an.
„Das hat dir gut getan!"
Ich sehe ihn fragend an.
„Was hat mir gut getan?"

„Dass du den Strohmüller verkloppt hast.
So was macht einen stark.
Das ist wie mit Kinderkrankheiten.
Wenn man die gehabt hat und da durch ist,
dann ist man stärker.
Hat meine Mutter gesagt!"
„Du hast den Kampf gesehen?"
„Klar!"
Wir wechseln eine Zeit lang stumm die Blicke.
Dann klopft mir Herbert
mit der Faust gegen die Brust.
„Ich hole mir ein Bier!", sagt er.
„Nachher spielen wir weiter!"
Ich gehe aus dem Zimmer und suche Sarah.
Aber es ist Stefan, den ich finde. Er spielt
gegen einen Älteren aus der Schule
Tischtennis.
„Hi Stefan!", grüße ich.
Stefan macht sich
für eine neue Angabe bereit.
Hält den Schläger wie eine Waffe vor sich.
Schenkt mir einen kurzen Blick
und konzentriert sich dann wieder.

„Hi!", sagt er in Richtung Tischtennisplatte,
bevor er seine Angabe spielt.
Es war der letzte Punkt
und Stefan hat gewonnen.
Als er mit seinem Gegner die Seiten wechselt,
um ein neues Match zu beginnen,
und mir keinen weiteren Blick schenkt,
merke ich,
dass zwischen uns etwas anders geworden ist.
Er straft mich, weil ich nur noch
mit den Schorschies am Kicker spiele.

Vielleicht hat er ja Recht und ich bemühe mich
nicht mehr genug um unsere Freundschaft.
Aber ich kann irgendwie nichts machen.
Es ist ja nicht nur das Kickern,
dem ich meine Zeit widme.
Meine Gedanken gehören Sarah.
Als ich in die Teestube schlendere, sitzt sie
mit einer Freundin auf einer der alten Matratzen,
die hier als Sitzgelegenheiten dienen.
Mein Herz schlägt gleich höher.
Sie lächelt mich an und ich gehe zu ihr hinüber.
„Hallo Oliver!", sagt sie
und nippt an ihrer Cola.

„Hallo!"
„Ich wollte sowieso gerade gehen",
sagt ihre Freundin mit viel sagendem Grinsen
und steht auf.
Die beiden Mädchen verabschieden sich,
dann bin ich mit Sarah allein.
Wir verlassen die Teestube.
Wieder steuern unsere Schritte einem Ziel zu,
das wir selbst nicht kennen. Ganz von allein.
Wir landen im Garten unter der Kastanie
und setzen uns in die Wiese.

Wir unterhalten uns über Gott und die Welt.
Und irgendwie ist es, als würden wir uns
die geheimsten Dinge erzählen,
die uns dann aber doch vertraut vorkommen.
Die Zeit vergeht wie im Flug.
Als sie nach Hause muss,
bringe ich sie zu ihrem Rad
und sehe ihr noch eine Weile hinterher.
Mit kleinen Rückwärtsschritten
gehe ich wieder Richtung Eingang.
Noch lasse ich Sarah nicht aus den Augen.
Ich trete jemandem auf die Füße.
Ein heftiger Stoß trifft mich im Rücken
und ich fliege zwei Schritte nach vorn.
„Ey, du Depp, pass auf!"
Ich drehe mich um.
Ein wütender Schorschie bellt mich an.
„Was denn?", sage ich unschuldig.
„Bist du blöde oder was? Sag mal,
ich kann dir auch 'ne Klatsche verpassen,
wenn du zu dämlich bist
durch die Gegend zu latschen.
Schau mal meine Schuhe an!

Wer soll die denn jetzt sauber machen?
Kannst du mir das mal sagen?"
Sein Kinn reckt sich angriffslustig nach vorne.
Ich weiß nicht, was ich sagen soll
und sehe ihm nur in die Augen.
„Was glotzt 'n so blöd …!"
„Lass ihn in Ruhe!" Hinter mir steht Herbert
und ich staune über die Wirkung
seines Auftrittes.

Wortlos lässt der Schorschie von mir ab
und geht ins Haus. Herbert ist
unter den Schorschies eine Autorität
und ich genieße seinen Schutz.
„Wo hast 'n gesteckt, Mann?",
fragt mich Herbert.
„Ich hab dich überall gesucht!"
Er klingt verärgert.
„Wieso?"
„Weil wir in zwei Tagen ein Turnier haben
und trainieren müssen, Mann! Schon vergessen?
Was hast 'n mit der Schäbel-Tussie?"
Sein giftiger Blick irritiert mich.
Macht mir Angst. Ich merke,
wie leicht es für Herbert ist,
mich einzuschüchtern.
Mich erschreckt seine Art. In ihr
kommt seine latente Aggression zum Vorschein.
„Machen wir noch ein Spiel?", fragt er
aber dann in einem versöhnlichen Ton.
„Eines können wir noch machen,
dann muss ich heim!", antworte ich.
Wir gewinnen gegen drittklassige Bubis.

Aber dieser Sieg reicht nicht,
um Herberts Laune zu bessern.
Auf dem Heimweg kommt uns
ein Junge auf dem Fahrrad entgegen.
Er klingelt wie wild, weicht kaum aus
und fährt mich beinahe über den Haufen.
„Aus dem Weg!", brüllt er frech
und fährt weiter.
Mit blitzschnellen, kleinen Schritten
sprintet Herbert ihm hinterher.
Der Junge geht aus dem Sattel
und tritt mit aller Kraft in die Pedale,
aber er hat Pech.
Er hat einen zu großen Gang eingelegt.
Die Flucht gelingt ihm nicht. Schon hat Herbert
den Gepäckträger im Griff.

Ich renne hinterher
und will Schlimmeres verhindern.
Als ich die beiden erreiche,
liegt das Fahrrad bereits auf dem Boden
und Herbert schubst den Jungen
in blinder Aggression vor sich her.
Der Junge ist jünger als Herbert,
hat gegen ihn keine Chance
und stolpert mit kleinen Schritten rückwärts.
„Größenwahnsinnig, was?!", zischt Herbert.
„Mal wieder eine Abreibung fällig?"
„Lass ihn!", sage ich.
„Der braucht 'ne Tracht Prügel!"

„Lass ihn doch!"
Mein Eingreifen hilft.
Herbert hört auf zu schubsen.
Er gibt ihm noch einen Klaps auf die Wange.
Eine Geste der Erniedrigung.
Als der Junge wieder auf seinem Fahrrad sitzt,
ruft er: „Das hast du nicht umsonst gemacht,
du Idiot! Wir werden uns rächen!"
„Verpiss dich, Knirps!", grummelt Herbert
und macht eine wegwerfende Handbewegung.
„Was habt ihr denn nur miteinander?", frage ich.
„Unsere Familien sind verfeindet!",
sagt Herbert. „Eine alte Geschichte."

„Ist das ein Schäbel?", frage ich überrascht.
„Ein Bruder von deiner Tussi, ja!"
„Und wieso seid ihr verfeindet?"
„Der Bruder von dem Kleinen hier
hat meinen Vater verpfiffen.
Mein Vater kam mal
an einen Schwung Videorecorder.
Blöde Sache! Es war heiße Ware.
Er wollte sie unter der Hand verkaufen.
War ein Fehler von meinem Alten.
Aber die Idioten von Schäbels
hatten nichts Besseres zu tun,
als ihn zu verpfeifen.
Dafür kam er in den Knast.
So was verzeiht man nicht."
„Gibt's dafür Beweise?"
„Pfff!", macht Herbert. „Beweise!"
„Ist dein Vater wieder draußen?"
„Er ist tot. Seit einem Jahr. Autounfall!"
„Das tut mir Leid!"
„Ja, ja. Schon gut!"
Eine Weile gehen wir schweigend
nebeneinander her.

Dann sagt Herbert: „Und du machst dich
an die kleine Schäbel ran. Kannst dir ja denken,
dass mich das nervt. Erst recht,
wenn sie unser Training durcheinander bringt."
Er bleibt stehen und sieht mich
mit seinem durchdringenden Blick an.
„Hör mal! Eins möchte ich dir sagen.
Wir haben uns für das Turnier angemeldet
und ich will da eine gute Figur machen.
Kapiert? Ich will, dass du das ernst nimmst!
Verstanden? Wenn du keine Lust mehr hast,
können wir es aber auch sein lassen.
Du brauchst es mir nur zu sagen.
Dann lassen wir's.
Ich kann mir auch jemand anderen suchen.
Aber so wie es aussieht,
sind wir ein gutes Team. Schon gemerkt,
dass wir die meisten schlagen?
Du hast ein Talent für so was.
Auch wenn es mich nervt,
dass du mit der kleinen Schäbel gehst.
Mich geht es ja nichts an. Ich will nur,
dass wir bis zum Turnier Spielpraxis sammeln."

„Ich geh nicht mit Sarah!",
versuche ich zu korrigieren.
„Es geht nicht mehr lange gut!",
sagt Herbert dann. „Die Schäbels und wir
geraten immer heftiger aneinander.
Irgendwann wird es einen großen Knall geben."

„Ihr könntet es auch einfach sein lassen",
sage ich, „und euch versöhnen.
Wäre auch eine Möglichkeit."

„Hier bei uns herrschen andere Gesetzte",
antwortet Herbert. „Das versteht ihr nicht …
ihr in euren Einfamilienhäusern.
Bei uns gibt es nicht genug Platz.
Da muss man kämpfen."
Ich nicke nur stumm, als würde ich verstehen,
aber ich verstehe es nicht.
Herberts Sprüche kommen mir irgendwie billig
vor, wie aus einem Rambofilm geklaut.
Herbert klopft mir auf die Schulter, sagt „Ciao"
und biegt in die St. Georgstraße ein.

Zwei Tage später.
Um 14.00 Uhr soll das Turnier beginnen.
Ich will mich mit Herbert um 13.00 Uhr
im Jugendzentrum treffen.
Als ich zehn Minuten später einlaufe,
ist Herbert noch nicht da.
Im Jugendzentrum ist schon die Hölle los.
Sechs Freikarten fürs Kino scheinen wohl doch
ein guter Anreiz zu sein.

Ich sehe ein paar Gegner, die Herbert und ich
in den letzten Tagen locker besiegt haben.
Es sind aber auch welche dabei, gegen die
wir uns einigermaßen schwer getan haben.
Manchmal auch verloren haben.
Und ich sehe ein paar Gestalten,
die mir absolut fremd sind
und von denen ich nicht weiß,
wie gut sie spielen.
Sie kommen wohl aus der Umgebung.
Es wird an beiden Tischen
nach K.O.-System gespielt. Wie beim Tennis.
Zwei Teams spielen gegeneinander und das Team,

das als erstes zwei Siege aufzuweisen hat,
kommt weiter. Die anderen scheiden aus.
Dann wird unter den Siegern wieder neu gelost.
So geht es weiter,
bis nur noch zwei übrig bleiben,
die dann um den Sieg kämpfen.
Es herrscht ein großer Andrang.
Weil sich so viele Teams gemeldet haben,
wird das Turnier zwei Tage dauern.
Halbfinale und Finale
werden morgen, am Sonntag, gespielt.
An der Tür zum Kickerraum
ist der Spielplan ausgehängt.
Ich sehe Herberts und meinen Namen.
Unsere Gegner: Branko Stankovic und
Kurt Reisch. Beide aus Traunstein.
Beide kenne ich nicht.
Keine Ahnung, wie die spielen.
Wir sind an Tisch zwei
und haben das dritte Spiel des Tages.
Wenn wir die erste Runde überleben sollten,
spielen wir heute noch mal.
Kurz vor Turnierbeginn sehe ich endlich Herbert.

Er kommt den Gang entlang,
sieht cool und lässig aus
und grinst mich an.
Aber er ist nicht lässig und cool,
das merke ich gleich. Das spielt er nur.
Als wir eine halbe Stunde später
am Kicker stehen,
ist er immer noch nicht locker.
Es dauert,
bis Herbert zu seiner Eleganz findet.
Und ich habe eine Menge zu tun,
den Kasten sauber zu halten, aber
meine Anstrengungen sind zunächst erfolglos.

Wir liegen schnell vier zu null zurück.
Branko Stankovic und Kurt Reisch
aus Traunstein sind wohl doch
eine Nummer zu groß für uns.
Und es sieht so aus, als sollte es
für uns ein kurzes Turnier werden.
Acht zu drei verlieren wir das erste Spiel.
Wir wechseln die Seite.
Mit einer für mich ungewohnten Väterlichkeit
lege ich Herbert die Hand auf die Schulter
und sehe ihm in die Augen.
„Es ist wie immer", sage ich ihm.
„Einfach Bälle versenken!"
Herbert nickt. Er ist ernst und konzentriert.
„Keine Volksreden halten!",
tönt einer unserer Gegner. „Spielen!"
Ich spüre eine Hand auf der Schulter.
Ich wende meinen Blick
für eine Sekunde zur Seite und
lasse meine Seele von Sarahs Lächeln wärmen.
Ich spüre, wie mir durch Sarahs
flüchtige Berührung verborgene Energie zufließt.
Sarah beflügelt meinen Ehrgeiz.

Zu Beginn des zweiten Spiels gelingen mir
gleich zwei erstklassige Tore
mit meinen Verteidigern.
Der Ball schießt wie auf
einer vorbestimmten Bahn über das Spielfeld.

Kein Spieler ist im Weg.
Auch nicht der gegnerische Torwart.
Zweimal der gleiche Schuss,
die gleiche Technik.
Meine Tore geben Herbert Sicherheit.
Er kommt ins Spiel.
Seine Figuren beginnen den Ball
in gewohnter Manier zu umtänzeln.

Drei zu null.
Unsere Gegner sind über unsere plötzliche
Spielstärke verwundert und werden nervös.
Schon strahlen sie nicht mehr die Souveränität
des vorangegangenen Spiels aus.
Vier zu null. Branko und Kurt
werfen sich einen kurzen Blick zu.
„Los jetzt!", versuchen sie sich zu motivieren.
Die Folge ist das vier zu eins.
Brankos Stürmer ist eine Klasse für sich.
Vier zu zwei.
Vier zu drei.
Sie atmen erleichtert auf.
Dann schlägt Herbert zweimal in Folge zu.
Sechs zu drei.
Dann noch ein Tor von mir.
Sieben zu drei.
Am Ende gewinnen wir sieben zu vier.
Das nächste, das entscheidende Spiel,
gewinnen wir sechs zu fünf.
Auch wenn das Ergebnis knapper ausfällt als
beim zweiten Spiel fühle ich mich
im dritten Spiel keine Sekunde gefährdet.

Wir haben den Gegner im Griff.
Wir haben
zu unserer gewohnten Sicherheit gefunden
und sind eine Runde weitergekommen.
„Gratuliere!"
Sarah steht mir gegenüber
und ihre Augen hypnotisieren mich.
„Das habt ihr ja noch mal hingekriegt."
„Ja", stimme ich zu.
Aber Sarah geht gleich wieder,
als sich Herbert neben mich stellt.
„War scheißnervös!", gesteht er mir.
„Ja", sage ich und sehe Sarah hinterher,
die aus dem Kickerraum verschwindet.
„Wäre blöd gewesen, wenn wir
in der ersten Runde rausgeflogen wären."
Herbert atmet schwer aus
und schüttelt den Kopf.
„Wäre allerdings absolute Scheiße gewesen!
Ich bin froh,
dass wir die erste Runde
überstanden haben.
Jetzt bin ich viel lockerer.

Sind noch mal mit 'nem blauen Auge
davongekommen."
Gemeinsam beobachten wir jetzt
die anderen Teams,
die gerade spielen müssen.
Ein paar sind wirklich gut,
aber es fällt auch auf,
dass sich welche gemeldet haben,
die vom Kickern nichts verstehen.
Nicht wenige von den Schlechten werden
mit einer Zunullpackung abgefertigt.
Keine Frage: Die besseren Spiele kommen erst,
wenn die Spreu sich vom Weizen getrennt hat.
Dann sind wir wieder an der Reihe.
Wir haben Glück,
denn wir spielen gegen ein Team,
das wir diese Woche
mit schöner Regelmäßigkeit bezwungen haben.
So auch jetzt.
Als wir den beiden gegenüberstehen,
schauen sie uns mit enttäuschten Blicken an.
Fast kampflos fügen sie sich in die Niederlage.
Wir überstehen den ersten Turniertag.

„Mal sehen, wie es morgen wird!",
meint Herbert,
als er sich von mir verabschiedet.

Bevor ich nach Hause gehe, suche ich
das Jugendzentrum noch nach Sarah ab.
Als ich sie nirgends finde, hänge ich
noch eine Weile in der Teestube herum
und mache mich dann auch auf den Heimweg.
Als ich die Abkürzung durch den Wald gehe,
komme ich mir vor wie ein siegreicher Feldherr,
der einen eroberten Korridor durchschreitet.

Von Strohmüller ist weit und breit nichts zu sehen.
Aber weiter hinten, dort, wo der Wald
an den Garten der St. Georghäuser grenzt,
stehen ein paar Gestalten.
Eine Gruppe von Kindern.
Laut geht es bei ihnen zu. Ich merke,
dass sie sich streiten. Es bleibt nicht nur
beim Wortgefecht.
Zwei Kinder stürzen sich jetzt auf das dritte
und fangen an, es zu vermöbeln.
Sie werfen es zu Boden, setzen sich drauf
und schlagen ihm ins Gesicht.
Bevor mein Beschützerinstinkt mich mobilisiert,
sehe ich Rettung aus dem Haus nahen.

Es ist Sarah, die wütend in den Wald rennt
und die Streithähne auseinander bringt.
Mit festem Griff zerrt sie die beiden Kinder,
die auf dem anderen sitzen,
herunter und brüllt sie an.
Die Kinder winden sich unter ihrem Griff
und schreien theatralisch um Hilfe.
Schon eilt aus einem der Wohnblocks eine Frau
auf Sarah zu. Kaum hat sie sie erreicht,
fängt sie an wie eine Irre
auf Sarah einzuschlagen.
Sarah lässt die Kinder los und hält schützend
die Hände über den Kopf.
Wiederum kommt Hilfe.
Diesmal Unterstützung für Sarah.
Es ist eine Frau –
vermutlich Sarahs Mutter.
Im Laufe der Rauferei
kommen immer mehr in den Wald
und stürzen sich
wie feindselige Krieger ins Getümmel,
als hätten sie irgendwo in Schützengräben
auf ihren Einsatz gelauert.

Ich bin wie gelähmt
und starre auf das seltsame Schauspiel.
Die beiden Mütter brüllen sich an
und scheinen gar nicht zu merken,
wie um sie herum ihre Kinder
übereinander herfallen.
Jungen und Mädchen aller Altersstufen
sind binnen Sekunden
in eine wilde Schlägerei verwickelt.
Mir ist gleich klar,
dass das die Schäbels und die Melzers sind,
die hier ihre längst fällige Rechnung begleichen.
Zwei Großfamilien im Krieg.

In jeder Familie scheint es für jeden
einen idealen Gegner zu geben.
Ein passendes Gegenüber.
Ich sehe fünf oder sechs Paare im Streit.
Herbert hält seinen Gegner,
vermutlich Sarahs älteren Bruder,
eine Weile im Schwitzkasten.
Sarah hat es schwerer.
Verzweifelt setzt sie sich gegen eine
von Herberts Schwestern zur Wehr.
Sarah ist im Nachteil,
weil sie nicht kämpfen will
und nicht über die Brutalität verfügt,
mit der hier aufeinander eingedroschen wird.

Als sich ihre Gegnerin
mit einem Stock bewaffnet,
den sie drohend über ihrem Kopf schwingt,
renne ich los.
Der Waldboden unter meinen Füßen
gibt nach. Halb federnd, halb springend
stürme ich voran.
Ich packe Sarahs Gegnerin
von hinten und brülle gleichzeitig
wie ein Wahnsinniger: „Aufhören! Seid ihr
total wahnsinnig?! Aufhören!"
Das Mädchen, das ich in festem Griff zu haben
glaube, reißt sich von mir los
und zieht mir den Stock über den Schädel.

Ich sehe Sterne
und gehe mit einem Aufschrei zu Boden.
Ich komme nicht gleich wieder hoch.
Aber es ist in erster Linie der Schreck,
der mich am Boden hält. Keine Bewusstlosigkeit
und auch die Schmerzen sind zu ertragen.
Aber meine Hand, die nach dem Kopf tastet,
färbt sich rot.
Ich fühle ein leichtes Kitzeln auf der Stirn.
Als ob mir eine unsichtbare Hand einen
warmen Pinselstrich über das Gesicht zöge.
Kurz darauf schmecke ich das metallische Blut.
„Was bist'n du für'n Arsch?", höre ich
das Mädchen, das mich niedergestreckt hat.
Als würde sie die Welt nicht mehr verstehen,
blickt sie fragend auf mich herab.
Staunt mich an und atmet schwer.
Plötzlich ist Ruhe im Wald.
Mit meinem Niederschlag
scheint die Familienschlägerei
ein abruptes Ende gefunden zu haben.
Herberts und Sarahs Mütter stehen bei mir
und schauen sich meine Wunde an.

Auch Sarah ist dabei.
„Ist es schlimm?", fragt sie.
„Glaube nicht!", sagt Herberts Mutter.
„Nur eine Platzwunde!"
„Das tut mir Leid!", sagt Sarah.
„Eigentlich müsste es ja mir Leid tun",
fügt die Täterin hinzu.
Sie helfen mir auf die Beine
und führen mich ins Haus.
Es gibt ein paar Schaulustige,
die im Garten stehen
und die Schlägerei verfolgt haben.
Hinter mir und den Müttern, folgen uns
friedlich die anderen Familienmitglieder.
Es ist merkwürdig. Als wäre ich
das notwendige Opfer gewesen,
scheint jetzt Eintracht und Frieden zwischen
den beiden Familien eingekehrt zu sein.
Ich lande in Herberts Wohnung
im zweiten Stock.
Sarah und ihre Mutter werden geduldet
wie willkommene Nachbarn.
Die Frauen setzen mich

auf einen Stuhl in der Küche,
reinigen meine Wunde und schmücken
meine Stirn mit einem großen Pflaster.
Herbert steht daneben
und hält sich den linken Arm.
Das Handgelenk ist geschwollen.
Als ich versorgt bin,
gehen Sarah und ihre Mutter.
Ich schließe mich ihnen an.
Im Treppenhaus fängt Sarah an zu weinen.

Sie schluchzt in ihren Arm
und wendet sich zur Wand.
„Kindchen!", sagt ihre Mutter
und bleibt einen Treppenabsatz tiefer stehen.
„Sarah!", spreche ich sie an und lege ihr
vorsichtig eine Hand auf die Schulter.
Mit einer schnellen Drehung wendet sich Sarah
mir zu und fällt mir in die Arme. Sie weint.
Von unten trifft mich der mitfühlende Blick
ihrer Mutter.
„Kindchen, Kindchen!", sagt sie wieder.
„Es ist so furchtbar!", schluchzt Sarah.

„Es ist so furchtbar!"
Ich bringe sie bis zu ihrer Wohnungstür
und gehe dann nach Hause.

Herbert erwartet mich am nächsten Tag
schon vor dem Jugendzentrum.
Mir fährt der Schreck in die Glieder.
Sein linker Arm ist verbunden
und steckt in einer Schlinge.
Er sieht aus wie ein Schwerverletzter.
Alles andere als optimistisch
sieht er mich mit traurigen Augen an.

„Das war's dann wohl", meint er
und hebt unbeholfen den verbundenen Arm.
Ich sehe ihn ernst an. Ich weiß nicht,
was ich sagen soll. Am liebsten hätte ich
eine ganze Reihe von Vorwürfen
auf ihn losgelassen,
wegen der Schlägerei von gestern.
Und wegen dieses blödsinnigen Kleinkinderspiels
von Feindschaft zwischen zwei Familien.
Aber Herbert nimmt mir den Wind
aus den Segeln.
„Tut mir Leid!", sagt er und schaut
auf meine Stirn, die immer noch
von einem Pflaster geziert wird. „Tut mir Leid,
dass du da mit reingezogen worden bist."
„Ich bin da nicht mit reingezogen worden",
antworte ich ihm. „Das hab ich mir selber
zuzuschreiben!" Ich fasse mit meiner Hand
an die Stirn und fühle nach dem Pflaster.
Jetzt ist es ein Pflaster von meiner Mutter.
Meine Wunde hat mir zu Hause
gar keinen so einen großen Ärger eingebracht,
wie ich gedacht hatte.

„Gehst du jetzt unter die Schläger?",
war der zwar schon gewohnte Kommentar,
aber ich habe meine Mutter
gleich beruhigen können.
„An einen Baum gestoßen",
habe ich geantwortet.
Für mich war das nur eine halbe Lüge,
denn ein Baum war es ja,
mit dem mir die Wunde zugefügt wurde,
zumindest ein Teil von einem Baum.
Dass es ein Ast gewesen war,
der von Menschenhand geführt wurde,
musste ich meiner Mutter
ja nicht auf die Nase binden.

„Und jetzt?!", frage ich
mit Vorwurf in der Stimme. Ich genieße
Herberts Reue und mein Oberwasser,
das ich im Augenblick über ihn gewonnen habe.
Gleichzeitig tut er mir Leid, denn ich weiß,
wie viel ihm das Kickerturnier bedeutet.

„Ausgeschieden", sagt Herbert.
„Wegen Verletzung nicht angetreten."
„Tut es weh?", frage ich.
„Nicht der Rede wert. Aber Tore
kann ich nicht schießen."
„Aber halten", sage ich.
Er schaut mich fragend an.
„Wir tauschen", schlage ich vor.
„Du gehst nach hinten und ich in den Sturm.
Es reicht vielleicht, wenn sich der Tormann
nur hin und her bewegt. Das müsste
mit einem Arm doch zu machen sein?"
An diese Möglichkeit scheint Herbert
nicht gedacht zu haben. Er schaut mich
mit einem fragenden Schmunzeln an.
„Kannst du im Sturm spielen?", fragt er.
„Natürlich kann ich im Sturm spielen!"

Sieben zu null liegen wir
nach nicht mehr als drei Minuten zurück.
Unsere Gegner sind stark. Wer weiß,

wie wir gegen sie aussehen würden,
wenn Herbert nicht angeschlagen wäre.
Das war's dann wohl, dachte ich.
Herbert gibt sich hinten wirklich Mühe,
aber die Bälle schlagen bei ihm ein
wie Granaten. Bei mir vorne im Sturm
ist dagegen nicht viel los.

Wenn ich an den Ball komme,
dann weiß ich mit den vielen Figuren,
die ich auf einmal zur Verfügung habe,
nichts anzufangen. Dann schieße ich nur wild
drauflos und vergesse die Tricks,
die ich eigentlich beherrsche.

Zehn zu eins verlieren wir das erste Spiel.
Dieses eine Tor für uns habe ich geschossen,
nachdem Herbert den Ball bravourös abgewehrt
und ihn mir nach vorne gespielt hat.
Es war ein Traumtor.
Mein Mittelstürmer hat
mit einer blitzschnellen Drehung
die Verteidigung ausgespielt.
Dieses Tor war nötig, um uns
in allerletzter Sekunde
mit Selbstbewusstsein zu versorgen.
Im zweiten Spiel wachsen Herbert und ich
wieder zu einem Team zusammen.
Wir kämpfen wie die Löwen,
schießen aus allen Lagen.
Die Bälle knallen an die Bande,
sind kaum zu verfolgen,
fliegen ein ums andere Mal aus dem Spielfeld.
Einwurf. Konzentration.
Mit dem Außenstürmer den Ball
in die Mitte ziehen,
mit dem Mittelstürmer eine kleine Drehung, Tor.
Die Verteidiger passen nach vorne.

Wenn sie nicht passen,
dann feuern sie aus allen Rohren.
Wie Geschosse
schlagen die Bälle ins gegnerische Tor.
Sechs zu fünf gewinnen wir das zweite Spiel.
Im dritten Spiel sind unsere Gegner
vollkommen von der Rolle
und verlieren acht zu drei.

Wir stehen im Finale. Am anderen Tisch
wird in einem spannenden Spiel
unser Gegner ermittelt.
Ich schaue zu und staune
über die Spielstärke beider Teams.
Beide sind aus Traunstein

und wirken auf mich als brächten sie
jahrhundertealte Erfahrung mit ins Spiel.
„Ihr seid ja durch nichts zu bremsen!"
Ich wende meinen Blick. Sarah steht neben mir
und hakt sich bei mir unter.
Wir lächeln uns an.
Unsere Blicke ersetzen tausend Worte.
„Ihr werdet das Turnier gewinnen!", sagt sie.
„Sieh dir die beiden Teams hier an!",
antworte ich. „Eines so stark wie das andere.
Da sehe ich schwarz."
„Ihr werdet gewinnen."
Ihr Blick wandert auf meine Stirn
und schickt ihre Hand hinterher,
die zärtlich über meine Wunde streicht.
„Es war so schrecklich gestern!", sagt sie.
„Ich hätte ewig weiterheulen können."
Ich nicke stumm.
Plötzlich steht Herbert neben uns.
„Grüß dich, Sarah!", sagt er
und ich habe das Gefühl,
seine Worte würden sämtliche Zäune
der Welt einreißen.

Er streckt ihr seine gesunde
rechte Hand entgegen.
Sarah ist überrascht und zögert.
Dann reicht sie ihm die Hand.
Da stehen sie jetzt und schütteln sich die Hände.
Ein altmodisches Bild
wie aus einem verstaubten Heimatfilm.

84   Das Endspiel.
Seit Sarah da ist, bin ich
in einer seltsamen Stimmung. Ich stecke

in einer Wolke des Glücks und
einer merkwürdigen Sicherheit.
Ein geheimes Wissen über meine Stärken
hat von mir Besitz ergriffen. Es ist,
als hätte sich eine Glocke über mich gestülpt.
Über mich, Herbert, unsere Gegner
und den Kicker.
Ich scheine in einer anderen Welt zu sein,
in einem Kicker-Kosmos,
in dem nur ich die Gesetze zu kennen scheine.

Wie in Trance stehe ich am Tisch.
Der schnelle Ball bannt meinen Tunnelblick.
Meine Augen sehen nichts anderes
als den Ball und die Figuren. Es ist,
als hätten diese Figuren ein Eigenleben
und bräuchten mich nur zur Tarnung.
Damit niemand Zeuge eines Wunders wird.
Dass niemand sieht, dass sich die Figuren
von allein drehen, dass sie doch leben
und nicht leblos an der Stange hängen.
Ich schieße Tor um Tor.
Herbert hält hinten großartig.
Nach zwei Spielen ist es vorbei.
Wir gewinnen das Turnier auf souveräne Weise:
sieben zu vier und acht zu drei.
Und ich bin gar nicht mal erstaunt darüber.
Sarah gratuliert mir als Erste,
fällt mir um den Hals und drückt mir
einen Kuss auf die Wange.
Herbert reicht mir strahlend die Hand.
„Du hast gespielt, als ob du von einem
anderen Stern wärst", sagt er schnell,
bevor er von seinen „Freunden" gefeiert wird.

Sie umringen ihn und grölen ihre Anerkennung
und schlagen ihm auf die Schulter.
Plötzlich stehe auch ich in ihrer Mitte,
habe ein Bier in der Hand,
aus dem ich widerwillig einen Schluck nehme.
Für kurze Zeit bin ich ein Schorschie.
Dann lärmt Herbert mit seinen Freunden davon.
Als der Trubel sich lichtet, sehe ich Stefan.
Er kommt auf mich zu.
„Gratuliere!", sagt er und gibt mir
einen freundschaftlichen Stoß in die Rippen.
Seine Blicke wechseln zwischen Sarah und mir.
„Toll gespielt! Wahnsinnig gut gespielt."

„Ich gebe 'ne Runde aus."
Mit Sarah und Stefan gehe ich in die Teestube.
„Ich habe drei Freikarten fürs Kino!",
sage ich. „Wann gehen wir?"
„Nächstes Wochenende!", schlägt Sarah vor.
„In Ordnung!", sage ich und grinse Stefan an.
Ich merke, dass sich zwischen uns
die Wogen geglättet haben. Es ist wie immer.
Aus den Augenwinkeln sehe ich,
dass jemand in der Tür zur Teestube steht.
Als wir näher kommen, macht er Platz
und verschwindet. Ich folge ihm mit den Augen
und sehe, dass es Strohmüller ist.

Lies mich ...

**Leseprobe aus dem
Ravensburger Taschenbuch 52239
„Zerbrochene Träume"
von Ralf Thenior**

Freitag, 29. März

Gestern habe ich einen ganz verrückten Kerl
kennen gelernt.
Wir waren mit der Clique auf der Kirmes.
Kathi hat ihn mitgebracht.
Wir standen an der Imbissbude.
Als Erstes hat er mir eine Ladung Fritten
über die Jacke geschüttet,
natürlich mit viel Majonäse und Ketschup.
Weil er gestolpert ist.
Ich war total sauer.
Hab ihn angeschrien.
„Du Idiot!"
„Ich heiße John", hat er gesagt.
Dann hat er seine Jacke ausgezogen
und sie mir hingehalten.

„Nimm die so lange." Ich war baff.
Den ganzen Abend bin ich
in seiner Jacke rumgelaufen,
irgendwie war ich seelig.
Wir sind zusammen Achterbahn gefahren.
Einmal, als ich zu laut geschrien habe,
hat er seinen Arm um mich gelegt.
Aber nur ganz kurz.
Ich glaub, ich hab mich verliebt.

~

Sonntag, 31. März
Es ist Sonntagnachmittag.
Hocke in meinem Zimmer. Mir ist langweilig.
Mama und Papa machen Mittagsschlaf.
Ich höre Mama quieken.
Ich lege eine Platte auf.
Die Musik macht mich traurig.
Ich habe Sehnsucht,
dabei kenne ich ihn doch kaum.
Ob er allen seine Jacke schenkt?
Ich sitze vor meinem Tagebuch
und schreibe auf die rechte leere Seite: John.

Noch einmal: John.
Noch einmal: John.
Das ist alles, was ich denken kann: John.
Bis die ganze Seite voll ist.
Vielleicht sehe ich ihn nie wieder ...
Ich heule ein bisschen.
Aber ich habe noch seine Jacke!
Ich werde sie sofort anziehen
und auf die Straße gehen.
Vielleicht treff ich ihn sogar!

Abends. Dicke Luft.
Mama will mir nicht glauben,
dass ich die Jacke gegen meine Teddyjacke
eingetauscht habe.
„Eine Lederjacke gegen eine Teddyjacke",
sagte sie.
„Wer macht denn so was?
Außerdem ist das eine Herrenjacke!"
„Is doch egal", hab ich gesagt
und bin rot geworden, als mir einfiel,
dass das Johns Worte waren.

„Jetzt hast du aber keine Jacke",
hatte ich zu ihm gesagt.
„Is doch egal!",
hatte er geantwortet und gegrinst.
Mama hat mich misstrauisch angesehen.
Natürlich ist die Jacke mir viel zu groß,
aber das macht sie ja gerade so gemütlich.

~

Montag, 1. April
Mama ist sauer auf mich.
Ich habe die Zuckerdose fallen lassen! Krach!
Und dann lagen tausend weiße Stückchen
auf dem Boden.
Scherben bringen Glück, hab ich gedacht.
Aber ich hab lieber den Mund gehalten.
Mama ist ausgeflippt! Echt Meißner Porzellan.
Das gute Stück ein Vermögen wert!
Eine Hirschkuh,
der Zucker aus der Schnauze rieselt.
Ich glaub, ich spinne!
„Das Hochzeitsgeschenk von Oma!",
schob sie noch nach.

Sie weiß genau,
wie sie mir Schuldgefühle macht.
Und alles nur,
weil ich wieder an John denken musste.
Sein breites Grinsen. Seine lustigen Augen,
die manchmal von einem Moment zum anderen
traurig werden.
So geht es nicht weiter.
Ich muss wissen, was er über mich denkt!

Dienstag, 2. April

Bei Kathi angerufen. Habe erst so ein bisschen
um den heißen Brei gequatscht.
Ich wollte nicht, dass Kathi merkt,
was mit mir los ist.
Und dann habe ich so ganz beiläufig
nach John gefragt.
„Gefällt er dir?", kam natürlich sofort.
Ich, na ja, und so, ein bisschen rumgedruckst.
Aber dann konnte ich es nicht mehr für mich
behalten.
Immerhin ist Kathi meine Freundin.

Und schon eine Ewigkeit, fünf Monate,
mit Pelle zusammen.
Also keine Gefahr.
Kathi hat mir die Nummer
von der Pension gegeben,
wo John wohnt, wenn er in Berlin ist.
Was soll ich jetzt machen?
Ich kann ihn doch nicht einfach anrufen
und sagen: „Hallo, John, wie findest du mich?"